Fragancias desconocidas

Mariola Sánchez

Aliarediciones

Corrección: Eladia Guerrero
Diseño de cubierta e ilustraciones: Mariola Sánchez Gallardo
Maquetación: Aliar Ediciones

Depósito Legal: GR 1296-2024
ISBN: 978-84-10374-65-2

Impreso en España

Edita
ALIAR Ediciones
www.aliarediciones.es
info@aliarediciones.es

Fragancias desconocidas

Mariola Sánchez

MAGIAS INOLVIDABLES

Para ti siempre mis sentimientos
y palabras, instantes
tras instantes, así lo sienten
nuestras almas...

Unes noches y albas
para mí envueltas en magia...

Palabras eternamente dedicadas
para nosotros; letras que quedarán
bien marcadas describiendo
un amor que persiste...

Encuentros entre almas.

DESTINOS

¿Y cómo no beber del manantial
de unos labios que están sin contaminar?...

¿Cómo dejar pasar el tren
que trae la posibilidad de
entremezclar dos sangres dulces
sin pecar?...

Si en algunas comunas compartimos
agua, pan y vida...

¿Cómo no saciar las ansias
de amar a su perfecto cuerpo?...

¿Cómo cerrar mis ojos y dejar
pasar a quien me da felicidad?...

Si este destino en mi camino
lo cruzó, si las energías de la
Divina Providencia en mi vida
lo colocaron es porque amor
me ha de ofrecer, amor me ha de traer...

Me dejo arrastrar por la no
casualidad, mas siempre la habrá...
Por algo será.

UN ADIÓS

Un adiós quebradizo provocó
miedos en este mi viaje;
miedos a una soledad tremenda
sin ti...

Nódulos hechos en mi garganta
y estómago me impiden conciliar
mi sueño...

Mi corazón te enuncia...
Siente cómo lato por ti.
Mi alma, halagando la tuya, llora
tu olvido en esta triste melancolía.

ABATIDA

Como un depredador a ella sigilosamente
se fue acercando, con bellas expresiones
su confianza anduvo ganando...

Desde hace tiempo ella estimó comprender
su interior, desconociendo cuán
nocivo él sería...

Al alba, ella se dejó llevar por ese
amor, le concedió su cuerpo junto
a su corazón...

Y los cerriles designios de él
le abatieron la piel a la llegada
del ocaso.

Escalofríos en su piel con cada
golpe que sentía, con las palabras
tan dolorosas que le gritaba...

Ella, amartelada, declinaba una vida
que con él le aguardaba.

TRISTE RECUERDO

En sus llantos, esas lágrimas que
salen bañadas con la sangre del alma...

La oscuridad de la noche la apremiaba
en sus grandes soledades; con ella
comparte sus realidades...

Y en sus adentros, un mayor sentimiento,
amor de antaño; amor que a una sola
alma regaló...

Su piel tan límpida como la luz
de la luna; tez que no se bañaba
con los rayos del sol...

El camposanto, ese paraje
por el cual pasear; lugar que siente
como un hogar...

Vestiduras luce como plumas de aves
nocturnas; protegida va por una cruz
adornando su frágil cuello...

Sus padecimientos,
los que sus entrañas encierra;

los comparte con su madre,
la tierra...

Su talle extraña y anhela todas esas caricias
de quien su alma amó; enterraba sus rodillas
en una tumba recordando aquellos labios
que la besaban con pasión...

Sus ojos, acompañados con la negra noche,
de nuevo ven el rostro de su amor...

Lágrimas que con la sangre
de su ser se desplazan cayendo
en una colosal eternidad.

MIS TRES INVIERNOS

Andáis junto a mí vuestros pasos,
a pesar del camino contaminado...

Cuando me pierdo, cada vez que salida
no encuentro, hacia una nueva luna me guiais...

Una vida ni sencilla ni fácil
se nos presentó, mas hacia nuevos
horizontes juntos nos desplazamos...

Seres sencillos nacisteis, ángeles
que en mi sombra os convertisteis...

Mis tres inviernos más preciados sois,
la gran fortuna que a mi alma enriquece
cada día... Feliz y dichosa soy por teneros,
vidas mías.

VIENTOS ARMONIOSOS

Hoy el viento me arrulla
con su calma, de oxigenación
la tierra me habla...

El viento me trae armonía,
la felicidad que demasiado extrañaba;
el sol luce en el horizonte más bello
que cualquier otro día...

Las aguas de ríos, mares y lagos
cambiaron a cristalinas...

Es el sueño del planeta
que el viento traiga la calma,
la paz que tanto anhela.

TARDÍO AMOR

Tardó mi corazón en decirte
lo que representaste para mí...

Tardó mi voz en expresar
cuánto valoraba tu presencia...

Los abrojos de mi alma siempre
me mantenían callada, distante y egoísta;
en otro plano te apartaba...

Y ahora en la melancolía atroz se exaltan
los arrepentimientos, ahora desea alzarse
mi voz donándote palabras desde el corazón...

Mas tardé... Tardé demasiado en decirte
lo que representas para mi alma, para mi amor.

TRISTES VERSOS

Detrás de unos versos, siempre
se derraman unas lágrimas de dolor...

Detrás de alguna imagen,
tristeza en la mirada...

Quizá llevando consigo una muerte
fría. Muerte de algún ciclo
que se sabe que se debe cerrar,
para así un capítulo nuevo abrazar.

VEJEZ

El tiempo hizo mella en tu cuerpo,
a veces un ápice de cordura presente
habita en tu cerebro...

No recuerdas aquello que desempeñaste
hace un momento; mas toda tu vida
desde tu niñez la narras igual
que si sucediese ayer...

Tus manos y piernas tiemblan al caminar,
en tu mirar reflejos de calamidades dominantes
del pasado que tu alma sintió...

El tiempo hizo mella en tu mente, en tu cuerpo...
Por ti siento gran amor y respeto.

IMANES

Miradas que ardieron
en las noches...

Romances expuestos
al desconocimiento...

Corazones imantados
plenos de gratitud...

Almas maestras en otros mundos,
para la entrega terrenal se prepararon...

Besos al viento,
que tantas veces se entregaron
sin perderse...

Caricias que dejaron
las huellas del amor
en nuestros espíritus...

Melancólicas esperas,
amor sin rupturas, amor confluente
en toda señal, amor que se impele
de vida a muerte...

Sacrificios hechos desde albas
para ser eternamente uno en dos.

LLUVIAS BLANCAS

Lluvia blanca que con tan
hermosa elegancia disfrazas
mi tierra con el más puro
color que pueda existir...

Mi invierno claro acechante
me sonríes, con tu viento tan
bajito me hablas; me empujas
a otros mundos con cada copo
que se posa en mí.
Mi existencia limpias cantando
bajo mis pies...

Me embriagas con los sonidos
de ramas que tan congeladas de su árbol
se desquebrajan...

Vuelvo contigo mi invierno
mágico, en ti dejo mis tristezas
para que no duelan...

Suelto todo lo que me aprisiona
antes de que asome cada primavera.

EFECTO FÉNIX

Otra vez voy tejiendo mano a mano
cada vibración de las etapas en esta existencia...

Apaciguo mis destructivos pensamientos
en un completo espacio hogareño...

Voy tejiendo de hilos ultrafinos
mis molestias, las alegrías y desasosiegos,
lo que tanto me hirió y me provocó reír...

Pensando en el amor que un día me destruyó,
en el amor que me levantó; pensando
en las pérdidas de mis seres más queridos,
a los que no vislumbraré nunca más...

Tejo lo que fui un día, la persona
en la que me convertí en realidad, lo que ofrecí
y recibí en mi andar,
la pasión que invierto en mis acciones
y la satisfacción que siento en las ofrendas
de la bondad...

Tejo todo esto, ya es hora de avanzar.

BLOQUEOS

Los candelabros casi dormían
en una noche sin letras,
las poesías tan lentamente
se apagaban...

Su alma se estremecía
con cada segundo que el reloj
de pared marcaba;
mientras, su cigarrillo
en el cenicero se iba consumiendo...

La pluma sujeta en su mano
izquierda se secaba; el papel
en su mesilla completamente en blanco.
En esa noche, hasta altas horas
de la madrugada, el sueño ya la vencía...

Mas no se rendía,
esa esperanza la mantenía despierta...

Esperanza, pues, de que sus manuscritos
una vez más fluirían con el viento.

REFLEXIONES

Entre espejos deshechos, actualmente
construyes un camino nuevo;
martirios en tu corazón,
el dolor que sientes remiendan...

Reflexionas en la noche gélida,
en la cual tu alma de impotencia llora.
Apostaste por una firme pasión,
no intuiste que palabras tan nefastas
intensamente a tu corazón
lo conmovieran hasta dejarlo nulo...

Caminas descalza, derrotada; andando
entre lunas, esas que para ti
son tan sagradas...

Y entre espejos deshechos
tus ilusiones se apagan;
entre espejos deshechos
tus lágrimas quedan
siendo la compañía de tu alma.

BRUMAS

Cuando no me necesites,
tan huraña como el silencio,
me escabulliré entre
la noche perdiéndome
con la lluvia...

Cuando todo tan diferente
se te presente y percibas
que para ti no soy tan necesaria,
agitaré mis alas desapareciendo
en la oscura niebla...

Cuando necesites prescindir de mí,
mi corazón enamorado
se alejará a cualquier rinconcito
a llorar en soledad.

GENERACIÓN CRISTAL

Estos tiempos acabaron
con nuestra libertad;
antaño quedaron los abrazos
al saludar, al cruzarse
por la calle con el amigo o familiar...

Entramos en otra era,
la llamada generación cristal...

No quedan imágenes de bullicios
en parques; ni rastro de las estampas
de antes, aquellas de nuestras abuelas
en las sillas de madera y enea descansando
en las frescas tardes de primavera...

Los silencios de los niños,
en las calles no juegan,
se adentró la temida pandemia...

Antaño quedaron los abrazos,
antaño quedó nuestra libertad.
Hemos entrado en otra era,
llamada generación cristal.

MISTERIOS ESCONDIDOS

No, a esta ilusión no pertenezco;
soy del agua
y del viento...

Soy creación del molde
del fuego y misterio,
tengo el color de
la luna en mi cuerpo...

No... a esta ilusión segura
estoy de que no pertenezco;
mi mundo real profundamente
escondido en mí llevo.

RECUERDOS

Hoy una gran emoción
embarga mi ser,
después de tantos meses
en el camposanto
os visitaré...

Mamá, mi mano tan suavemente
en tu nombre posaré, mi dedo
por esos relieves deslizaré...

Mis grandes respetos te presentaré,
reprimiré las lágrimas por tu ausencia
y de todas mis vivencias
te hablaré...

La planta que tanto amabas
en estas vísperas te llevaré,
para que contemples su belleza
y la puedas oler...

Como siempre, regresar
me costará, aunque conmigo vendrás...

Hoy es un día muy especial,
después de tanto tiempo a ti y a papá
os volveré a visitar...

Hablaré de cuánto extraña mi corazón
todos los instantes que aquí mantuvimos,
del sufrimiento causado por vuestra partida.
De cómo papá volando las nubes se marchó,
realzando su espíritu a nuevas montañas...

Hoy es un día especial;
hoy vuestras tumbas volveré a visitar.

SENTIMIENTOS ENCONTRADOS

Necesité estar demasiado
cerca, necesité mantenerme
a ti muy ligada para unidos
impartir los sentimientos
que a flor de piel advertimos...

Precisé aplacar las masivas
soledades que tan dolorosas
melancolías en mí entraron...

Necesité que los recuerdos
hallados volviesen a ser vividos
y no soñados...

Tanto requerí, tanto necesité,
que por la emoción de ir
a tu encuentro me precipité.

TRISTEZAS ENMASCARADAS

Claveles opacos acordonan
mi cama, absurdos silencios
en noches de llantos trastornan mi alma...

Aromas a muerte el corazón
me besan; mi cuerpo superado,
inmóvil, en una palidez encandilante
recostado queda...

Ángeles, demonios, entre visiones
perturban mi noche de fríos secretos...

Claveles se posan en mi cuerpo,
cuerpo que no asumió las aberrantes palabras
que al amor destruyeron.

AGUAS MUERTAS

Las aguas de la muerte
a mi cuerpo por instantes
permitieron descansar...

Hadas y duendes lo rodeaban,
ángeles de luz del cielo
bajaban para mi alma salvar...

Llantos y gemidos acuchillaban
al silencio, entre tanto los demonios
me querían arrastrar...

Por pequeños momentos,
mi ser yacía en las aguas
del averno.

ESENCIAS

Seguiré el rastro
de tu esencia...

Caminaré buscando
la presencia de tu amor...

Nada importan las trabas
que intercedan...

Mas tú eres el señor
de mi corazón...

Te amo, te amo,
pues mi alma parte de ti es...

Te amo, porque mi interior
se enamoró de tu ser...

Simplemente te amo,
pues contigo todo lo encontré.

CONSTANCIAS

Cuando se ama,
las dificultades desaparecen,
la soledad vuela hasta otros confines...

Cuando de veras se ama,
el alma resplandece,
el corazón danza...

Pues un «para siempre»,
escuchado con pasión,
significa la entrega de la vida eterna...

Un «te amo» desde el corazón
un espacio de magia a tu ser entrega.

NOCHE DE TODOS LOS SANTOS

Noche de víspera,
noche de todos los que por aquí pasaron;
velas consagradas abren con su luz
los caminos para las almas despistadas...

Purgatorio pleno de dolorosos
lamentos; almas consternadas,
almas en repulsión...

Noche de víspera, noche de oración.
Noche de brujas, cánticos y petición.
Pretensiones conmemorativas
a los seres que un día la vida acogió.

ALAS OSCURAS

Su tembloroso pulso hacía derramar
la tinta de su pluma mientras
le escribía...

Su alma aceleraba con efusividad
los versos; su corazón, tan emocionado,
deleitaba incesantes palabras
a su amor...

Así lo arrullaba en la distancia, de
esta forma declaraba su afección...

Por entregarse a él moría;
en tan pronunciada lejanía,
la agonía la obligaba a imaginar algo
que no existía...

La esperanza y sueños la calma
le componían; él sabía luchar contra
su oscuridad, sus demonios.
Es el único hombre a quien ella
podría amar.

NOCHE SIN ESTRELLAS

La noche oscura y mágica entra;
un cielo gris esconde sus
estrellas...

La noche llega, apareciendo entre
susurros arrulladores se adentra.
Bailando con mi alma, en mi bosque
añorado me interno...

Respiro profundo, los aromas
a pino y cedro percibo;
humedad que se extiende mojando
mi piel, sensaciones hermosas
a mi cuerpo en la tierra hacen caer...

El animal instalado en mi ser a una
llamada nocturna acude; a través
de sus ojos ahora veré, todos mis sentidos
despierta, en la oscuridad me desvaneceré.

VIAJES DEL ALMA

En la madrugada la vi,
llegaba con un vestido negro;
en su cabello una rosa de color
azul, medio cubierto
con un brillante pañuelo...

¡Dame tu mano!,
ella me pidió;
viajaremos donde todo
es paz y comprensión...

Mirome con luz tierna
y de su boca
una suave fragancia brotó...

Asiome a su regazo,
con sus alas me agarró;
¡no temas nada!;
antes de nacer el alba en tu lecho
¡volverás a despertar!;
solo es mi deseo llevar tu alma a un horizonte,
en el cual tu sol no deja de llorar.

ECOS DE PASIÓN

Cada suspiro de mi solitario
corazón a la luna llena
se dirige cual aullido del lobo herido...

Soplos de vientos me acercan
tu eco, engrandecida voz
perturbando mi razón...

Evoco tus ojos oscuros
como cristal ahumado...

Mañana otro día igual será;
una nueva alusión amanecerá
y en un nuevo poema de amor
se escribirá.

CORAZÓN HERIDO

Bebería sus impulsos,
tragaría sus sentimientos,
a salvo, en el mayor oscuro escondrijo...

Solo ella conocería cada latido
de su corazón;
solo ella calmaría su alma;
nadie leería más en su mirada...

Entre las sombras de las noches
volvería a deambular;
solamente ella abrazaría su trágica
y eterna soledad...

Su silencio acallaría sus recuerdos,
con sus vestiduras negras bajaría
a su infierno, quemaría
con el fuego cualquier desilusión...

Descendería a su erebo,
el que un tiempo la protegió.

TARDE DE POESÍA

Tardes de melancólicos pensamientos,
de lágrimas vertiendo anhelos,
lluvia en concierto con la poesía,
disparos adornados con chispas,
brillantes deslizándose por ellos...

Tardes extrañando tu sonrisa,
implorando tus besos antes
de que entre la noche fría...

Tarde y poesía,
lluvia y melancolía.

PRESENTIMIENTOS DEL ALMA

Acreciendo en mi corazón
por instantes estás;
entretanto me quedo pensando
en estos muros acompañada
de una grandiosa soledad...

El saber que, cruzando el mar,
ahí estás, me crea seguridad
en estos sentimientos;
como la noche soy, enamorada
de un mismo día...

Oscuridad buscando mi sol,
esa luz que amándome noche
y día no se apague jamás.

Espiritualidad que me lanza
a cruzar líneas entre lo que
es real e irreal...

Presentimientos del alma,
que nunca anda equivocada,
que me acreditan que eres tú
y solo tú en quien me deseo
reflejar.

Agua soy, que corriente
no desvía de su cauce para llegar
cuanto antes a su océano;
nada conmueve más
a mi corazón que sentirme
en tus brazos rodeada de tu calor...

Mientras distancias nos separan,
más esperanzas en mí, más lágrimas
manan en desalientos de amaneceres
con miedos al despertar y no volverte
a encontrar.

CRECÍ

Crecí entre montes de tierra
árida y matorrales de verde
esparto; con las piedras junto
a la fuente del afluente Castril...

Aprendí a pedir permiso a
cualquier planta que estuviese
en mi camino...

Me crie viendo nacer los
álamos que bebían a la orilla
de este río.
Me impactaba el ver los rayos
de la luna bañar sus hojas con su luz plateada;
entendí que a la madre tierra pertenezco
y no ella a mí.

FINAL DE UN SUEÑO

En mi corazón ya arden viejos
tiempos, mezclé eras sin saberlas
separar...

Esta etapa, una que nada
es compatible con aquellas
que alguna vez ocupé en carne;
ahora, quizá deba abandonar
mis fantasías y dejar que estos
pies se hundan en tierra firme,
que mi espíritu quede atrapado
entre estas vísceras para que
completamente inmóvil quede...

Recorrer calles modernas sin quedar
de nuevo estancada por aquellas
que antaño anduve; sí, hogueras
me calientan en este invierno
con las llamas de esos antiguos tiempos.

BENÉVOLA TIERRA

¿Qué somos?; somos tallos
que se van perdiendo, buscando
con nuestras raíces alcanzar
esa humedad que el agua
le da a nuestra tierra...

Somos esas figuras
que se calcinan expandiéndonos
en cenizas cubriendo las piedras
y álamos en las orillas de los ríos...

¿Para quién es la vida?, simplemente
para un planeta que nos abastece
y sostiene en meros intervalos
de tiempo...

Somos esa actividad universal
que se mezcla entre las estrellas
en el firmamento...

¿Dónde está nuestro lugar?

HIJA DE GAIA

Soy así por natura;
noble a unas creencias y la fe
en todo lo que encima
de mi cabeza se encuentra;
tributos le hago al universo,
que cada noche pone estrellas
para dar luz y esperanza,
ofrendas a la gran luna que hace mágicos
los ocasos con su hermosa presencia...

Mi piel acaricia las piedras a través
de mis descalzos pies; mis energías,
que fluyen de estas manos, se pierden
en el agua bendecida por los astros...

Así soy por natura, amante
de una tierra que me arrulla.

DOLOR PASAJERO

Navegando voy por el afluente
de las incertidumbres, mientras mi alma
trepa por las ramas de los árboles
que en la orilla están posados...

Un día tras otro escalando
rocosas montañas;
ya mis rodillas demasiado sangran,
mis pies doloridos tantas heridas
no soportan...

Hoy, pues, el cielo parece ir esclareciéndose;
me ofrece un azul algo más intenso
que embellece el agua con el reflejo
de las verdes hojas que me rodean...

Mis pensamientos andan más despejados,
aunque mi corazón aún se siente vacío.
Sé que todavía a mí no logrará llegar
la calma, que mis lágrimas se deberán
de ir perdiendo mucho tiempo hasta
llegar a desahogarse mi alma...

Navegando voy por un río de paz alterada.

ACOMPÁÑAME

Acompáñame en mis últimos versos;
declama junto a mí las últimas frases
de mi espíritu;
acompáñame de la mano
hasta el que será el final de una senda...

Besa mi rostro húmedo por el llanto
de nuestro cielo, aquí no se acabará
lo nuestro, será solamente un intervalo
en el tiempo...

Quédate ahí inmóvil, tan quieto que casi
ni tu respiración oiga mientras me alejo
volátil entre huracanes;
recuerda mis ojos en cada estrella
nocturna que se pose en el firmamento...

Vestida de blanco cruzaré entre tinieblas
para que mi tacto sientas;
acompáñame en mis últimos versos, ayúdame
a convertirlos en cantos de romances eternos.

LO QUE ESCONDEN MIS OJOS

Lo que esconden mis ojos,
antepasadas vidas de mi espíritu,
infortunios de agonías, abundancias
de felicidad demostradas en lágrimas;
andares buscando aquello que soñaba...

Lo que esconden estos ojos;
un amor retribuido que seduce
a mi alma en una soledad suprema...

Lo que esconden mis ojos, signos
a una perpetuidad
a la que me asgo con fuerza para
hallarlo y volverlo a amar.

LETRAS ENTRE LÁGRIMAS

Letras que no callan
a un corazón ilusionado;
tiempos entre escandalosas
y a la vez suaves comparsas
entran en reyertas
con mis esperanzas...

Se aplaca el alma al llegar
alguna que otra calma,
mas prontamente una tempestad
glacial la arrastra a otra adversidad...

Letras que intentan enjugar
unas lágrimas, esas lágrimas
de la soledad; visión del temporal
mientras un llanto rompe
en el silencio del atardecer...

Si mis ojos te vieran, aunque
sea una última vez, si mis manos
con las tuyas recorrieran
las espaciosas rutas del amor,
tan solo una vez...

Si nuestros cuerpos se fundieran
entre fogosas gotas de lluvia.

DAMA MÁGICA

Con todo mi amor a mi Granada

A pesar de encontrarme
en un lugar soñado,
mi dama mágica, tus grandiosas
lunas extraño...

A pesar de pisar una tierra
que suya me ha hecho,
tus monumentos extraño...

Mi amada dama,
mi amada Granada,
hoy extraño a tus artistas
en Plaza Nueva, bailando,
a tantos poetas
escribiendo en el paseo
del río Darro
inspirados por tus encantos...

Hoy tanto de ti extraño,
superlunas alumbrando
la belleza de tu Alhambra...

Te llevo en mi alma, mi Granada;
a pesar de que por tus calles
no vuelva a pasear, en lo más
profundo de mi corazón estás.

Índice

Este libro se terminó de editar en Granada
en septiembre de 2024 por

www.aliarediciones.es
info@aliarediciones.es